PUBLICATION
GRENADE

Embrasse-Moi!

Que le Monde Chante un Chant Nouveau

Reza Kazemi

AZ Poétique Iranienne-1

Traduit par: François Gojat, Leila Montazeri
Illustrations: Touka Neyestani

Joue une telle musique avec laquelle on puisse supirer de ravissement en écoutant sa mélodie

Récite un tel verset avec lequel on puisse joyeusement boire d'innombrables coupes de vine sacré

Embrasse-Moi! Que le Monde Chante un Chant Nouveau
AZ Poétique Iranienne-1 (AZ: A à Z)
Poète: Reza Kazemi
Traduit par: François Gojat, Leila Montazeri
Secrétaire du Conseil "AZ Poétique Iranienne": Reza Kazemi
Illustrations: Touka Neyestani
Directeur Artistique et Graphiste: Abdolreza Tabibiyan
Le Première Édition: l'Été 2020, Montréal, Canada
ISBN: 978-1-7771867-4-6
Description du Livre: 96 Pages
Le Prix: US $ 12

À Katy Shaybani, avec respect
Reza Kazemi

la Photo: Kimia Monajemi

Biographie Reza Kazemi

Reza Kazemi (né le 25 novembre 1970 à Tehran) est un artiste multidisciplinaire (poète, écrivain, peintre). Il a étudié dans deux domaines; ingénieur civile à l'université de Guilan et décoration intérieure à l'université des arts de Tehran. Il a commencé ses activités littéraire dans le domaine des poèmes et de l'écriture depuis 1995; mais depuis 1999 il devient plus engagé. Son premier livre est publié en 2000; ce sont des poèmes dans le genre poème de guerre d'amour. Après plusieurs années d'expérience dans ce genre, cela fait maintenant plus de quinze ans qu'il travaille sur de court poèmes d'amour. Dans le domaine de l'écriture, il préfère plutôt le minimalisme. Il est l'éditeur en chef du site littéraire Assar depuis neuf ans. Deux parmi ses livres ont été choisis comme livre de l'année et plusieurs de ses manuscrits ont été choisis et publiés dans des festivals national et internationaux. Quatre de ses livres ont été traduit en anglais, français, kurde et arménien. Présentement, il est l'éditeur en chef du magazine Iranien « Asr é Jomeh » (Vendredi après-midi) publié à Montréal.

Bibliographie

-Soyons pluvieux ma douce!/ publication Média/ 2000.
-La dame dans les histoires de ma mère/ publication Sarir/ 2005.
-La lune dans le bassin sans poissons/ publication Shahed/ 2005.
-Le messager apporta la solitude/ publication Shahed/ 2005.
-Un panier de souvenirs, un cœur plein de mots/ publication Nassim é Hayat/ 2006.
-Nous allons cueillir les fleurs de grenade, viens-tu?/ publication Shahed/ 2008.
-Nut-pied jusqu'à la lune/ publication Shahed/ 2008.
-Notre prochain rendez-vous, au pied du berceau de mes poèmes/ publication Ilia Culture/ 2010.
-Conversation avec Forough Farokhzad/ publication Mohammad Reza/ 2005/ republier en 2017/ publication Mehr Norouz.
-Ne t'inquiète pas, ces poèmes seront tous censurés/ 2011/ publication H&S Média É-U.

-Une femme parle dans ma tête/ nouvelles/ publication H&S Média /É-U /2012.

-Le printemps ne peut venir sans toi/ publication Avaye Kelar/ 2012.

-Dès que je prend la plume, les mots demandent après toi!/ publication Nimage/ 2013.

-Un voyage, deux verres de thé horrible, et un voyageur qui te ressemblait/ nouvelles/ publication Mehre Norouz/ 2013/ deuxième publication Nimage/ 2016.

-Kiss me! Let the universe sing a new song/ publication Author House/ 2013/ É-U.

-Recueil de poèmes traduits en kurde/ 2013.

-J'ai froid; chantes-moi des chansons d'amour!/ publication Nimage/

-La mort semblait faire des signes au fond de ses yeux/ nouvelles/ première publication Mehre Norouz/ 2014/ deuxième publication Nimage/ 2016.

-Pas besoin de parapluie, juste besoin de toi/ publication Nimage.

-Les poèmes interdits/ H&S Média/ 2014.

-Poèmes d'amour au temps de guerre/ publication Nimage.

-L'amour, c'est mourir deux fois/ publication Nimage/ 2018.

L'amour n'a ni limite, ni langage spécifique. Les Poèmes d'amour de Reza Kazemi sont si délicats que tous les amoureux du monde peuvent s'y. C'est un plaisir de les lire et de les partager avec tous ceux qui ressentent ou ont ressenti ce beau sentiment à un moment de leur vie.

la Photo: Ali Falahatpisheh

Touka Neyestani, l'un des plus grand caricaturistes d'Iran, vit présentement au Canada. Il commença sa collaboration avec la presse en 1980. Ses caricatures et ses illustrations ont été publié dans plus de quarante journaux et magazines.

Il a reçu le prix du meilleur caricaturiste de l'année du festival de la presse Iranienne deux fois, ainsi que plusieurs prix dans différents festival international de caricature dans le monde.

Parmi ses autres activités professionnelles: membre du jury du biennale de caricature de Téhéran; membre du jury du concours international Aydin Dogan Turc; membre des chefs éditeurs de plusieurs magazines; enseignant et professeur de dessin. Il a tenu plusieurs exhibitions à Téhéran, Toronto et Mssontréal. Il travaille présentement comme caricaturiste pour divers sites.

1

debout près d'un port sous la brume
je regarde s'éloigner le dernier bateau
c'est cela, la solitude

2

viens sous mon parapluie

et qu'il pleuve encore

nous arriverons... plus tard

3

ton corps

est comme une prairie de fleurs sauvages

odorantes, inconnues

mon baiser

partout où il se pose

tire de son sommeil un papillon

4

ce train qui t'a emportée

et qui s'est fracassé contre la montagne

ce n'était pas la panne

c'était le coup de foudre

5

de temps en temps libère-toi
comme le cerf-volant dans le vent
qui sait?
tu peux bien revenir dans les mains
de l'enfant qui s'amuse

AZ Poétique Iranienne 21

6

tu as lâché ma main

je me suis perdu parmi les hommes

que c'est bon de se perdre

mais

pas parmi les hommes

7

si tu as dit je t'aime

je te crois à coup sûr

car

tu es venue d'une autre planète

8

tu te renfrognes

dans le ciel: nuages

tu pleures, il pleut

tu ris, soleil

ah! tu joues le grand jeu avec le ciel

9

le pourquoi de la Chute -
ce n'était pas toi, pas Satan, pas même Dieu
la culpabilité je l'assume toute entière
car Dieu, Satan et toi
c'est moi qui vous ai créés

10

si le matin à ton réveil

sur tes épaules tu as des ailes

sous tes pieds des nuages

ne t'en étonne pas

ton amant est poète évidemment

11

comme il est triste le destin du petit poisson

quand pour retrouver sa partenaire

il se jette dans la grande mer

et que les baleines

s'en éprennent

12

il faut que je m'en aille

ici

on ne parle pas la même langue

ni moi qui parle toujours de toi

ni le propriétaire qui ne parle que du loyer

13

l'automne est arrivée à la fenêtre

viens, allons faire un tour

n'aie crainte

tu retourneras à nouveau

à ton cadre-photo

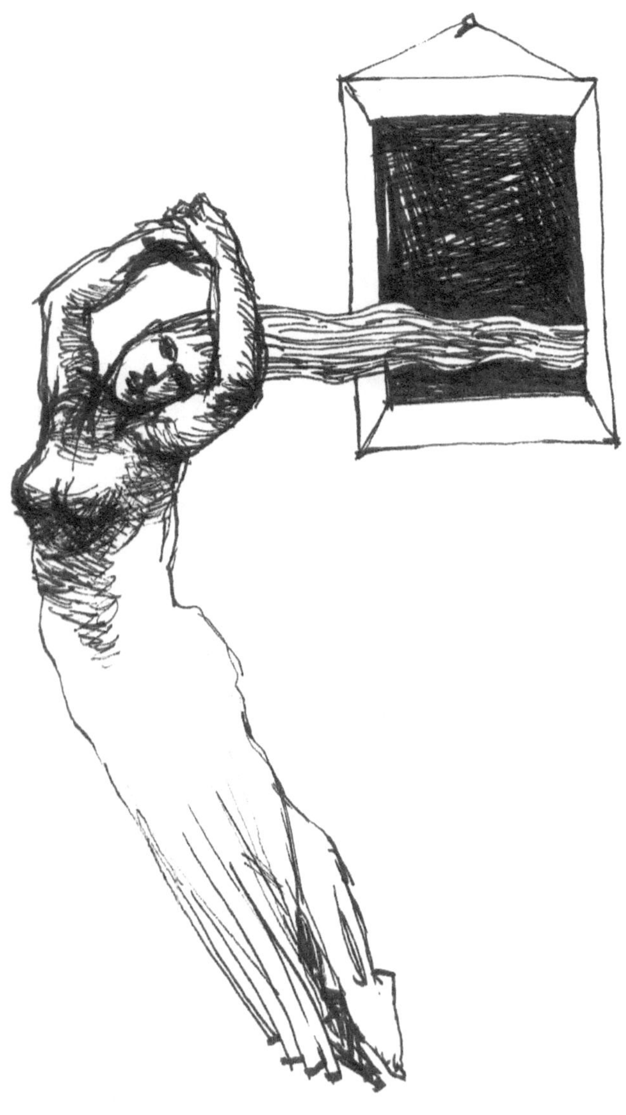

14

qu'a fait le petit poisson

pour que cet homme qui ne sait pas nager

dans les vagues se soit jeté de telle façon?

15

le spectacle est fini

écarte le rideau

c'est toi que je veux voir maintenant

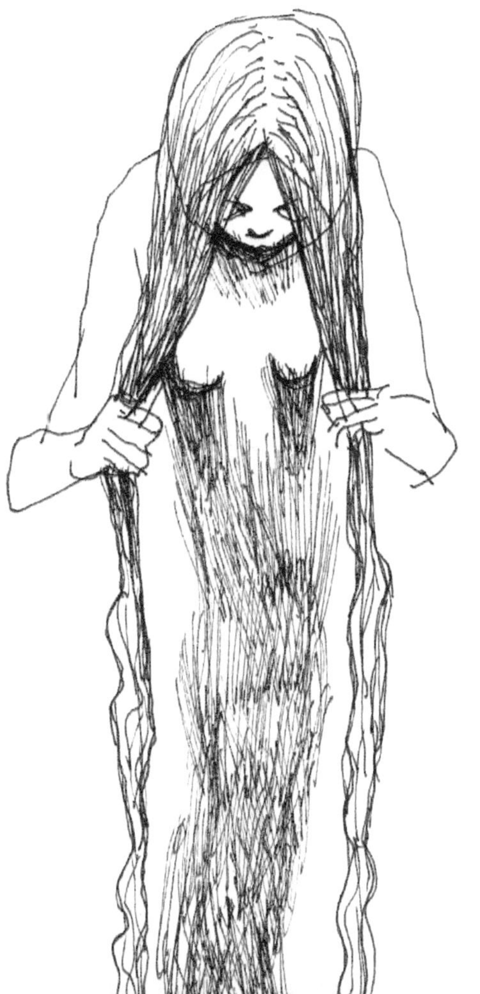

16

le pain et le vin
sont sur tes lèvres
d'un baiser
fais-moi la grâce!

17

on dit: comme il est aimable cet homme

et personne ne sait

que c'est ton sourire sur mes lèvres

quand par dessus les mers

tu penses à moi

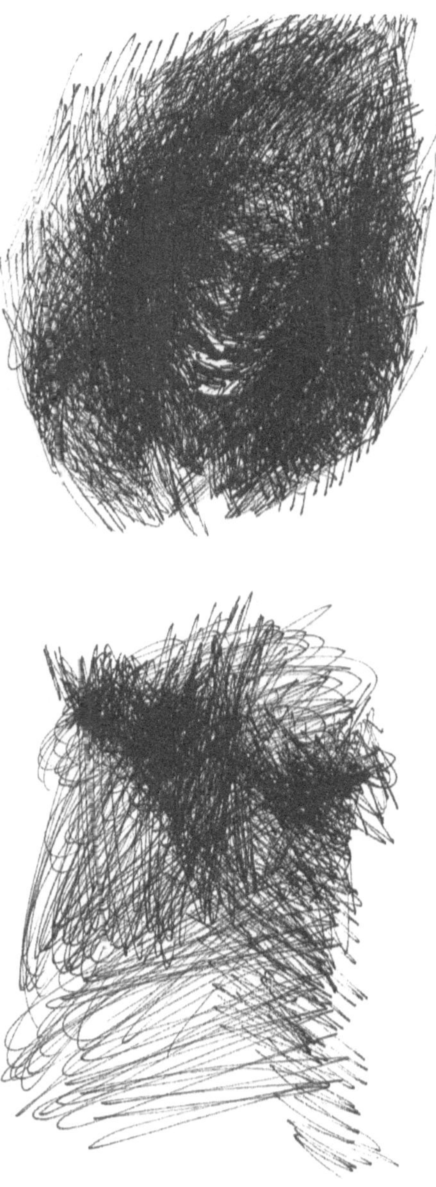

18

il fait froid

ferme la fenêtre

je peux aussi pleurer pour toi

19

à ton enterrement

je ne me rends pas

puisque

morte tu n'es pas

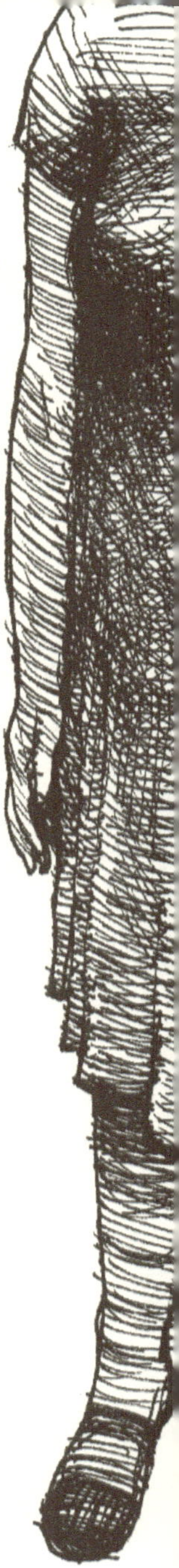

20

un soir j'étais seul avec toi
toute la vie sans toi
si seul!

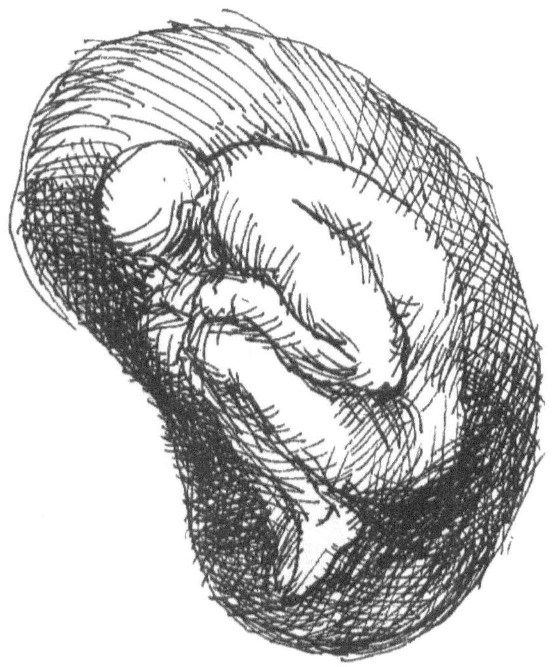

21

éloigne-toi

quand tu es proche de moi

tu me manques d'autant plus

22

que fais-tu, vent!

le parfum de ses cheveux tu le disperses en d'autres lieux

et cette maison est déjà dévastée

23

maintenant tu as beau

fermer les yeux

derrière tes paupières j'ai établi ma demeure

24

automne

belle, cette femme

avec ses cheveux longs, ses rubans de couleur

et seul, cet homme

passant éternellement dans la rue

où la femme est passée et s'en est allée

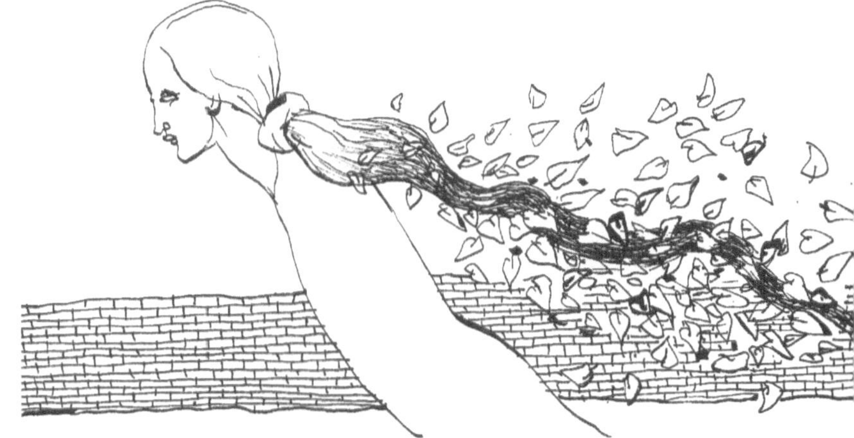

25

tu es partie et la ville

s'est échouée, fracassée par le froid

j'espère

que tu n'as pas emporté le soleil

26

viens ce soir, allons nous promener sur les feuilles

n'aie crainte

personne ne nous verra ensemble

et si on nous voit ensemble, pas de souci

dis alors: je me promenais avec moi-même

27

tu es partie

la solitude

ça m'est bien égal

et maintenant tu me dis encore que je ne sais pas mentir

28

nuit, lune, mer

et le pêcheur, seul

sans filet et sans hameçon

ô mer, ouvre grands tes bras

c'est pour toi que je viens

29

sur tes cheveux passe le peigne

et la pluie ruisselle

sur tes yeux le khôl

et voilà le soleil

sur tes joues pétales de roses

voilà le clair de lune

sur tes lèvres...

ah, tes lèvres, n'y touche pas!

30

tu as beau t'éloigner de moi
on se retrouvera bien vite
ah! que le monde
jour après jour se rapetisse!

31

je ne t'écris plus

tous ceux qui me regardent

te liront dans mes yeux

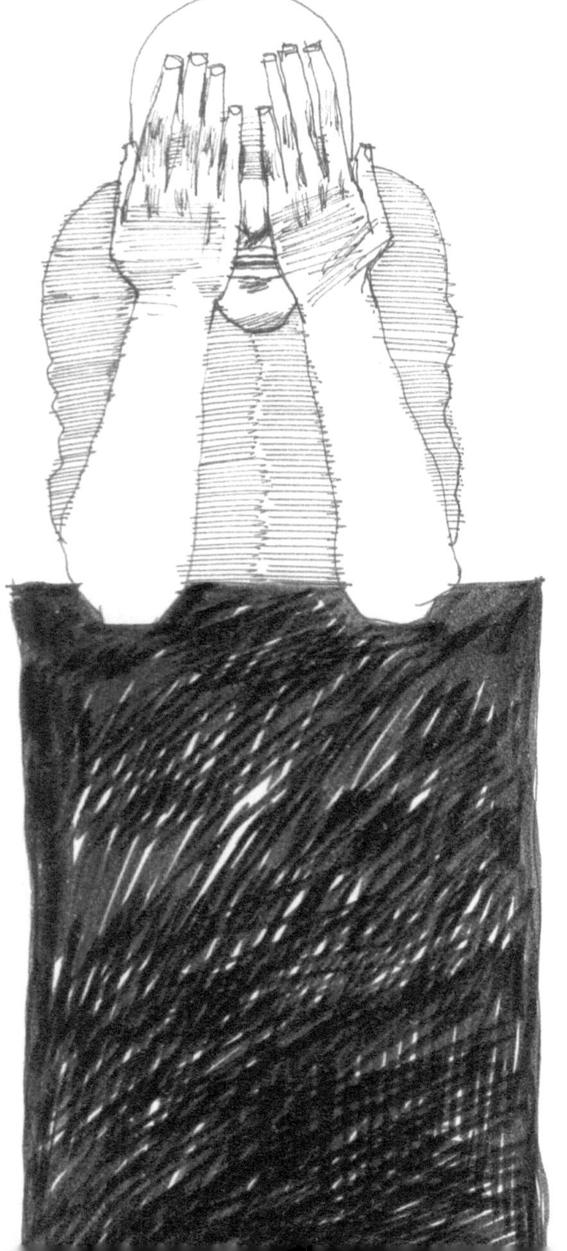

32

je te veux plus encore

plus tu t'éloignes.

reviens!

je te promets que je ne t'aimerai plus

33

embrasse-moi!

que le monde

chante un chant nouveau

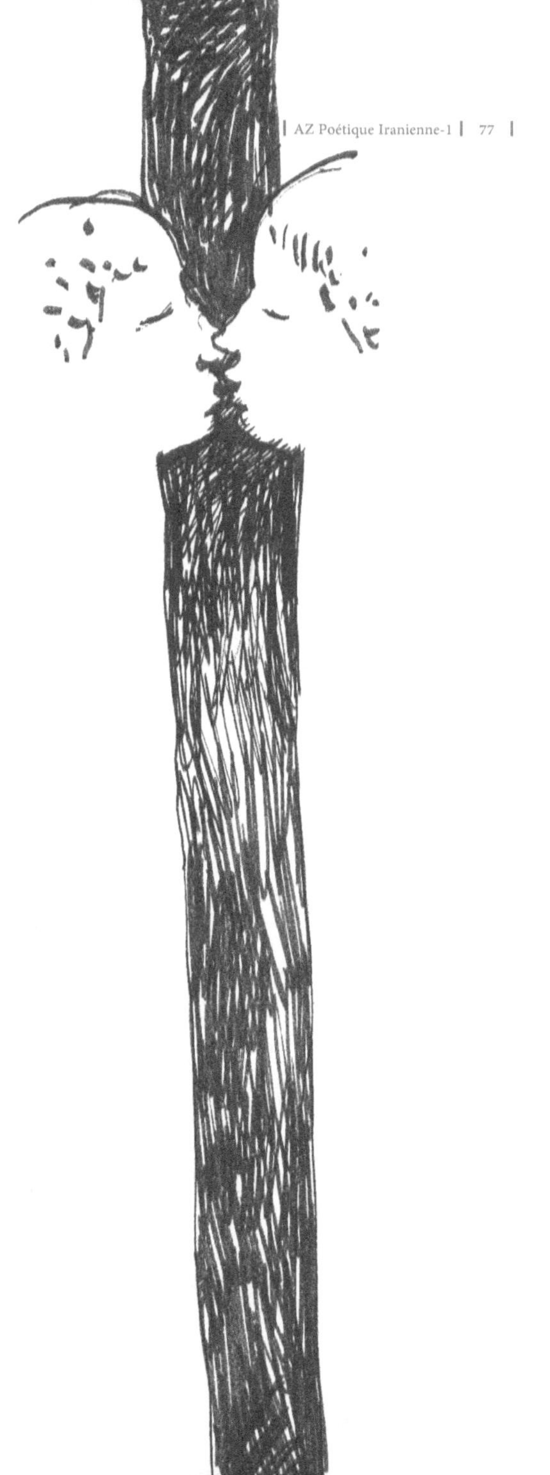

34

tu pars

sans savoir que dans ta poitrine

c'est mon cœur qui bat

35

chaque jour j'avance d'un pas
chaque jour tu montes d'une brique
jamais on ne se rejoindra
tu oublies toujours pour ta forteresse
de poser la fenêtre

36

tes lettres sans adresse

confie-les au vent

qui me les remettra

je n'ai plus de maison que dans le vent

37

je suis fatigué

ferme tes paupières

je veux y dormir un peu

38

je serai ton voilier

sois ma voile

tout ce que les gens disent dans notre dos

c'est du vent qui va, c'est le vent qui nous pousse

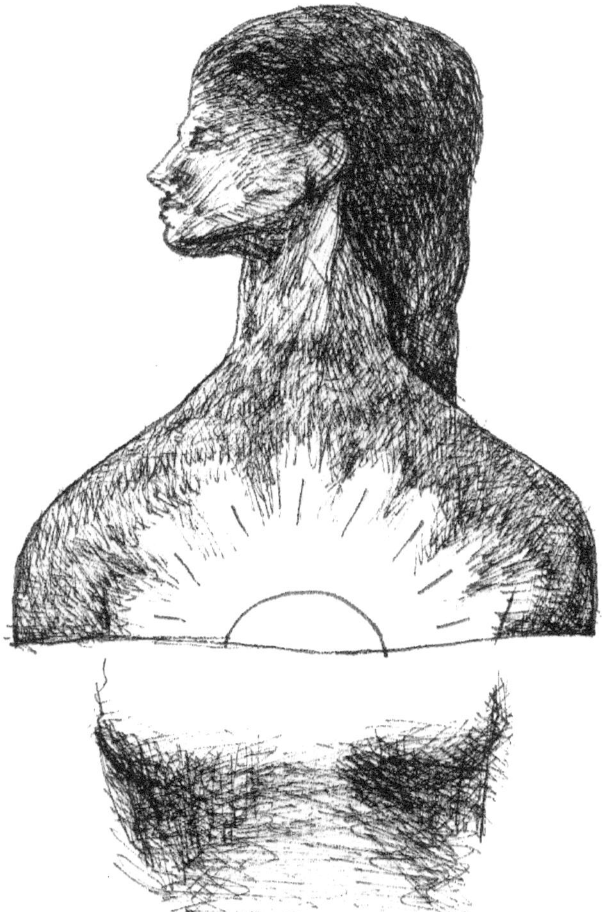

39

pour parler de toi

les mots ça ne suffit plus

il faut que

j'apprenne à danser

40

tu es venue m'écouter, et rester avec moi

tu es venue m'écouter, tu es partie

maintenant cela fait des années

plus personne ne m'a entendu dire «je t'aime»

41

j'aimerais que vienne la pluie
avec mon parapluie cassé
dans la rue
qui vers ta maison ne va plus

42

Il se dirige vers toi,

Suivant les vagues,

La barque brisé-exténué.

Par Dieu,

Sois ce qui te plaît,

Hormis un havre embrumé!

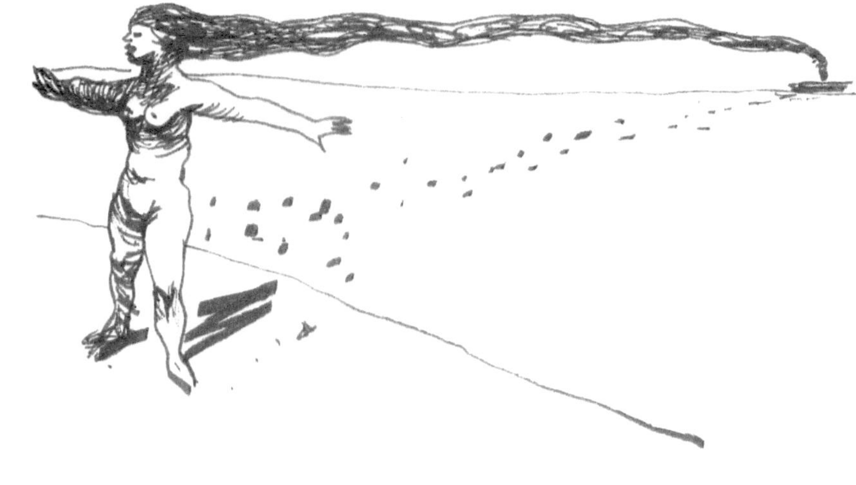